AF434368

إنتي مش روبوت

ياسمين فرحات

اسـم الكتــاب : إنتــي مــش روبــوت

التــأليف : ياسميــن فرحــات

نــوع العمــل : كتــاب تنميــة

تصميــم الغــلاف : حسنــاء رشيــد

إخــراج الكتــاب : أسامــة أحمــد خوجلــي

الطبعــة الأولــى : 2024/2023

رقــم الإيــداع : 2024/336

الترقيــم الدولــي : 1-3-87336-977-978

النــاشــر : المصرية السودانية الإماراتية

Facebook : الدار المصرية السودانية الإماراتية

Email : mahaelmukdad@gmail.com

TEL : 00 20 128 9024 05

إنتي مش روبوت

ياسمين فرحات

إهداء

إلى من علموني الحب والتسامح إهداء إلى من علموني الحب من غير شروط إلى إمي وأبي رمز الحب والحنان والعطاء أهدي لكم أول كتاب لي وأرجوا من كل شخص يقرأ الكتاب أن يدعوا لهم بالرحمة والمغفرة رحمكم الله يا أغلى الناس في حياتي ولنا لقاء فيجنة الرحمن إن شاء الله.

المقدمة

لا أريد أن أكون إنسانة عادية تعمل وتأكل وتصلي وتنام أريد أن أصنع بصمة لي على جبين هذا الكوكب أريد أن أكون نجمة ساطعة لا تموت في سماء هذا الكون أريد أن أكون مختلفة مختلفة فقط لدي أفكاري وطموحاتي وأحلامي وأهدافي وشخصيتي المميزة أكون قدوة صالحة لمن حولي وارضى ربي وأفيد الناس والمجتمع بشيء ولو بسيط فكلنا راحلون ويبقى الأثر بعد ذلك.

البداية

المقدمة في البداية كانت مقدمة عميقة وباللغة العربية الفصحى ولكن اسمحولي أن أكمل باقي الكتاب باللهجة العامية المصرية فأنا مصرية وأحب اللهجة المصرية وبحس إنها من اللهجات البسيطة والسهلة وكمان عشان كل واحدة تقرأ الكتاب تحس انه كتاب سهل وبسيط من غير تعقيد في اللغة فأنا قرأت كتب كثيرة لكتاب مشهورين وكانت الكتب باللهجة المصرية فحبيت جداً أسلوبهم في الكتابة وأتمنى أن يعجبكم الكتاب وتستفيدوا منه ويغير لكم أفكار ومعتقدات ويحل مشكلة البنات والستات وتلاقي حلول لمشاكلها عشانتشعر بالسكينة والطمأنينة والسلام النفسي.

أول حاجة عايزة أكلمك فيها في البداية وهي المقدمة إللي كتبتها دي في أول الكتاب أنا عايزاكي تقرأيها تاني كويس وكأنك إنتي إللي كاتبة الكلام ده وقولي لنفسك أنا ربنا خلقني ليه؟ خلقني عشان أعمل إيه؟ إيه هو هدفي في الحياة؟ هو أنا ربنا خلقني عشان آكل وأشرب واتجوز وبعد لما أتجوز اربي العيال ويتجوزوا بعد كدة وأكبر في السن وأموت هي دي حياتي إللي عايزاها فعلاً!

فكري كويس أنا دوري إيه بالظبط في المرحلة إللي أنا عايشاها دلوقتي ودوري دا مينسنيش أهدافي وأحلامي إللي عايزة أحققها متبقيش روبوت بيتحرك من غير مشاعر وأحاسيس وناسية نفسك في دوامة الحياة لأ إنتي مهمة جداً في الحياة ومن حقك تعيشيالحياة اللي إنتي عايزاها احلمي وفكري وغيري أسلوب حياتك وأكيد هتحققي كل إللي نفسك فيه.

الفرق بين العيش والحياة

يقول الله تعالى :"من عمل صالحاً من ذكر أو أنثى وهو مؤمن فلنحيينه حياة طيبة ولنجزينهم أجرهم بأحسن ما كانوا يعملون"فكرتي قبل كدة إن في فرق بين العيش والحياة يعني إنك تعيشي حياة ولا تحيي حياة هقولك الفرق بينهم لأن الفرق بينهم كبير أولاً: العيش هو إنك تمارسي أفعال وأنشطة زي الأكل والشرب والنوم وتتكيفي مع كل ظروف حياتك يعني تجاملي ساعات وتنافقي ساعات عشان مصلحتك الشخصية وساعات بتحسي بالكبت والظلم والقهر وتسكتي فيجيلك أمراض نتيجة الضغوطات النفسية اللي إنتي عايشة بيها ما الأمراض بتيجي اغلبها من الضغط النفسي وكتم المشاعر والتفكير السلبي كل ده بيسبب أمراض كتيرة.

ثانياً :الحياة بئا هي إنك تتأملي كل حاجة حواليكي وتركزي معاها يعني تستنشقي نسمة الصبح بهدوء تتأملي في الحدائق والأشجار والزهور واللون الأخضر في الطبيعة تستمتعي بأشعة الشمس ومنظر البحر وصوت العصافير تستمتعي بفنجان القهوة بتاعك وتشمي ريحة القهوة تحاولي تشوفي جوانب مضيئة في حياتك تدي للناس حب عشان تاخدي منهم حب تعملي كل ده

من غير مصالح مادية أو شخصية تعملي كل ده وتكون دي نيتك هو ده الفرق بين العيش والحياة فكري بئا انتي تعيشي ام تحيي.

****

رسالة إعتذار

قبل ما أكلمك عن إزاي تعيشي حياة طبيعية مش زي الروبوت وتبطأي أسلوب وطريقة حياتك وتعيشي حياة هادئة مطمئنة لازم الأول تعتذري لنفسك وتقوليلها أنا أسفة إحنا طول عمرنا متعودين إن لما بنغلط في حد بنقولة أنا آسف ونتأسف له على أي حاجة غلط صدرت مننا بس هل مرة فكرتي انك تعتذري وتتأسفي لنفسك! اه نفسك ما نفسك هي اللي بقيالك نفسك اللي اتحملت كتير نفسك اللي اهملتيها في زحمة الحياة بحجة إن مفيش وقت لنفسي وتمر الأيام والسنين وانتي تيجي على نفسك وترضي الناس على حساب نفسك وتمسكي دموعك على أساس إنك قوية ومينفعش تعيطي وكل ده غلط وتفكير غلط اتأسفي لنفسك احضنيها إرضي نفسك الأول عشان تعرفي ترضي الناس بكل حب من غير ضغط على أعصابك، وإرضي ربك قولي أنا ههتم بنفسى أكتر هعمل كل حاجة بحبها هطور نفسي هتعلم حاجات جديدة هرضي ربي أكتر عشان يعني ويقويني، فإنك تحبي نفسك دي من أهم أولوياتك بلاش تكوني شمعة تحترق من أجل الآخرين فأنتي محاسبة على نفسك الأول مش محاسبة على الآخرين.

*****

قصة حياتك تصنعها عاداتك

قرأت كتاب أربعون لأحمد الشقيري وأعجبت جداً بمقولة هو كاتبها بتقول(قصة حياتك تصنعها عاداتك فغير عاداتك لتغير القصة)وفكرت كتير في المقولة الرائعة دي وقلت فعلاً أنا المسؤلة عن العادات والتصرفات اللي بعملها أنا المسؤلة عن القرارات الليباخدها أنا بس إللي أقدر أحدد حياتي عايزاها تكون عاملة إزاي أنا المتحكمة في كل حاجة في حياتي في عاداتي، ومعتقداتي، وقراراتي فقلت لنفسي لازم أغير العادات إللي بعملها كل يوم بتعطلني عن تحقيق أحلامي لازم أغير من نفسي عشان أعيش حياة أفضل وبالفعل بدأت أغير من عاداتي ومعتقداتي عشان أعيش حياة أفضل وبدأت أغير كل شئ كان بيسبب لي ألم وتعب وغيرته وغيرته بحاجات بتسبب لي سعادة وهدوء واستمتاع بكل لحظة في حياتي

عرفت معنى القرب من ربنا صح وأن أستمتع بعبادتي مع ربي عرفت أستمتع بعلاقتي مع أولادي ومع زوجي عرفت اتخلص منكل شيء كان بيتعبني نفسياً وارضى بقضاء الله وقدره واحمد ربنا واشكره على كل شيء في حياتي بجد

المقولة دي غيرت حياتي جداً فشكراً لأحمد الشقيري على المقولة الرائعة اللي بسببها بدأت من جديد.

وأنتي كمان عايزاكي تبدأي من جديد فكري كويس إية هي العادات السلبية اللي إنتي بتعمليها كل يوم وحسة إنها بتأخرك عن تحقيق أحلامك وأهدافك إية هي الحاجات اللي بتتعبك نفسياً وغيريها إنتي اللي بتصنعي العادات دي وبتعمليها كل يوم من غير تفكير اقفي وقفه مع نفسك وقولي لنفسك أنا هبدأ أغير من عاداتي السلبية وهستبدلها بعادات إيجابية عشان أعيش حياة كريمة طيبة مليانه هدوء وسكينة وطمأنينة إبدأي من دلوقتي وشوفي ثمرة التغيير على حياتك.

*****

..

طلعي السوبر هيرو اللي جواكي

كل واحدة فينا عندها مواهب وقدرات خارقة ربنا ادهالها مفيش حد معندوش موهبة عايزاكي تدوري على الموهبة الموجودة جواكي وتمارسيها شوفي وانتي صغيرة كنتي بتحبي تعملي إيه واعملية كنتي بتحبي ترسمي ولا تقرأي ولا تلوني ولا تكتبي ولا تعملي كروشية وتريكو ولا تطبخي ولا بتحبي الشعر ولا التفصيل ولا التصوير شوفي عندك موهبة إية ومارسيها الموهبة والهواية اللي عندك هي دي اللي هتخرجك من حالة التوتر والضغط والقلق في اليوم لازم تمارسي هوايتك كل يوم حتى لو 10 دقايق بس بجد هتحسي بشعور رائع هتحسي إنك بتدي نفسك وقت ودا حق من حقوقك متخليش الدنيا تاخدك وتنسي نفسك واليوم يعدي من غير ما تعملي حاجة بتحبيها دي حاجة مهمة جداً وهتفرق في يومك وافتكري دايماً ان "الحياة بدون ممارسة هوايات حياة كثيرة الملل".

أنا بئا هحكيلك على موهبتي من وأنا صغيرة كنت بحب أطبخ وبحب أتفرج على قنوات طبخ وأشتري كتب الطبخ وكنت بحب الكتابة وبعد لما تزوجت فضلت الموهبة دي تكبر عندي وكنت حاسة إني عايزة أعلم الناس الطبخ وانفعهم بحاجة وخصوصاً البنات والمتزوجات حديثاً مش بس أنا أطبخ

وخلاص حسة إني عايزة أعمل كدة وعندي شعور داخلي إن الحاجة دي هتفرحني وهتبسطني فبحثت على النت كتييير لحد لما لقيت موقع للطبخ أسمة "كوكباد" فاشتركت في الموقع واحلى حاجة في الموقع إنه بيخليكي تنزلي وصفاتك الخاصة وتكتبي مكونات الوصفة وشرح الوصفة وتنزلي صورة وفيديو للوصفة وبعد كدة تنشريها والناس تشوفها ولو حدعجبة الوصفة بيجربها ويبعتلك صورة الطبق بعد لما عملة وعجبة بجد من أحلى الشعور اللي بحسة لما حد يجرب وصفة ويبعتلي الصورة بعد كدة لما يجربها وتعجبة إحساس جميل أوي إحساس بالفرحة والإنجاز بيهونوا عليا ضغط الحياة وكمان بتتعرفي علناس لها نفس إهتمامتك بتشجعك دايماً وتقدر اللي إنتي بتعملية وكمان الموقع كان عامل مسابقة للحصول على كتاب طبخ إلكترونييكون فيه وصفاتك اللي إنتي نشرتيها في الموقع فاشتركت في المسابقة وفوزت بكتاب طبخ إلكتروني أسمة "الشيف الذهبي "والكتاب فيه وصفاتي الخاصة ونشرت الكتاب على مكتبات إلكترونية والكتاب عجب ناس كتير وناس كتير نزلت الكتاب عندها القراءة دي كمان حاجة فرحتني جداً وبعد كدة اكتشفت إني ممكن أنزل وصفات للأكل بس في صورة مقالات فبحثت على النت واتعلمت كتابة المقالات واتعلمت الكتابة على الووردبريس وبدأت أكتب

مقالات في مواقع ألكترونية وبعد كدة كتبت مقالات في جرائد ألكترونية ودلوقتي بكتب في موقع صباح مصر وجريدة عالم النجوم وإن شاء الله أكتب في جرائد إلكترونية تانية مشهورة وكل وصفاتي يقرأها كل الناس وبدأت أعطي كورسات لتعليم الطبخ للأطفال فعلاً حاجة ممتعة وجميلة جداً بستمتع وأنا مع الأطفال وبشارك معاهم وبعلمهم طرق الأكل إللي هما بيحبوها بيكونوا مبسوطين جداً وهما بيتعلموا.

أنا بئا عايزاكي تدوري كويس على موهبتك وإهتماماتك وتمارسيها بإستمرار وتشاركي موهبتك مع الناس دوري على الناس اللي لهانفس إهتماماتك عشان يشجعوكي وتنفعي غيرك خلي عندك النيه دي إنك تنفعي غيرك بأي علم إنتي عارفاه وأي موهبة تمتلكيها فعلاًهتحسي بعدها بشعور رائع هيخليكي تعملي بعدها كل حاجة بحب من غير ضغط على أعصابك لأنك رضيتي نفسك وعملتي حاجةبتحبيها.

*****

أمسكي في حلمك

" لا تنتظر المرض لتبحث عن الصحة، لا تنتظر الحاجة لتبحث عن المال، لا تنتظر الشده لتدعو الله، كن فاعل ابدأ التغيير والاستعداد لاتنتظر مستقبلك بل اصنعه بنفسك فكل اسلحتك داخلك" المقولة العظيمة دي لدكتور "كريم على" ودكتور كريم على من أشهراليوتيوبرز إللي علمني حاجات كتير جداً واستفدت من علمه ومعرفته كطبيب وكشخص ناجح في الحياة كلامة رائع ونصايحه فادتني جدا في حياتي نورلي عقلي في حاجات كانت غايبة عني عرفني إن أساس الإنسان هو الصحة والعيش في راحة وهدوء وإحنا إللي بنشكل حياتنا ونشوفها زي ما إحنا عايزين واتعلمت منه ان احلامنا ممكن نقدر نحققها على أرض الواقع بس لو آمنا بقدرتنا ومواهبنا ووثقنا في ربنا واخدنا بالأسباب ونسعى كتيير لحد لما نحقق كل حاجة عايزينها انصحك بمتابعة دكتور كريم على هيغير تفكيرك وهتستفيدي كتير من علمه وخبرته في الحياة. ومن الشخصيات اللي أثرت فيا شخصياً وشجعتني على كتابة كتابي ده هي الكاتبة لبنى الحو صاحبة كتاب "بيت انيق ودفتر تخطيط"وكتاب "تبدأ الحياة خارج منطقة راحتك" الكاتبة لبنى الحو هي زوجة وأم زينا لما شوفت لقاءاتها على القنوات الفضائية شجعتني جدا على الكتابة لأني أولاً بحب القراءة وبحب

الكتابة من زمان بس بعد الزواج انشغلت مع العيال وتربية العيال بس كنت مستمرة على القراءة وكتابة بعض الخواطر وعملت مدونة أسمها" كلمة وفنجان قهوة" وكنت بكتب فيها خواطر لأني كنت حبة جداً إن يأشاركها مع الناس وأفيد الناس بس ما جاليش فكرة كتابة كتاب إلا لما شوفت أستاذة لبنى بجد شجعتني جداً على الكتابة وقررت إني أكتب كتاب وأكتب فيه كل المقالات اللي بنزلها في المدونة بس جالي فكرة تانية إني أكتب كتاب إنتي مش روبوت وأكتب فيهمقالات مختلفة عن المدونة وكنت بكتب جزء صغير يومياً فهي شعارها "أدومها وإن قل" فاستمريت في الكتابة وممارسة هوايتي المفضلة وهي الطبخ وفي نفس الوقت أهتم بالبيت ونظافة البيت والعيال شكراً لأستاذة لبنى الحو فهي مصدر إلهامي في الحياة.

*****

اتخلصي من الكراكيب

في حياتنا كراكيب كتير والكراكيب دي بتكون حمل تقيل علينا وإحنا مش عارفين وعشان تحسي بالهدوء والراحة اتخلصي من كل حاجة حسة إنها مسببالك حمل تقيل والكراكيب ممكن تكون كراكيب موجودة في البيت حاجات كتير إنتي مش عايزاها ومش محتاجاها ومش بتستخدميها وبيعدي عليها سنين وإنتي محتفظة بيها على أساس إنها هتنفعك بعد كدة زي الهدوم، والأجهزة الكهربائية، والكتب، والورق وممكن تكون الكراكيب موجودة على موبايلك زي الصفحات اللي على فيس بوك اللي بتسببلك توتر وقلق وأخبار سلبية وحاجات تعصبك وقنوات اليوتيوب إللي مش من اهتمامك أصلاً ومشتركة فيها وخلاص اتخلصي من كل ده إعملي بلوك لكل حاجة بتضايقك سلامك النفسي أهم من كل شئ تابعي بس الصفحات والقنوات اللي هتنفعك واللي هتستفيدي منها وهتخليكي نسخة أفضل من نفسك وقتك مهم جداً مضيعهوش في حاجات مش هتفيدك تابعي ناس لها نفس إهتماماتك

تابعي ناس ناجحة في حياتها واتعلمي منهم عشان يشجعوكي عشان تكوني ناجحة في حياتك إنتي كمان وفي ناس كتير جداً على اليوتيوب والفيس بوك محتواهم مفيد جداً دوري بس وإنتي هتلاقي.

بلوك عقلي

أوقات كتير بنقابل شخصيات في حياتنا بتسبب لنا التوتر والقلق والإحباط والتعصب من تصرفاتهم وأسلوبهم فلما تقابلي الشخصيات دي في حياتك وكلامهم السلبي بيضايقك اعملي بلوك عقلي عشان تعرفي تتعاملي معاهم بعد كدة طب إزاي تعملي بلوك عقلي ؟!

هعرفك دلوقتي إزاي تعملي بلوك عقلي للأشخاص السلبية في حياتك عشان تعيشي بروقان وراحة بال تعالي أقولك.

أولاً ما معنى البلوك العقلي؟

البلوك العقلي هو تدريب العقل على حظر المحبطين والمستفزين في حياتك وطبعاً إنتي عارفاهم كويس والبلوك العقلي لية فوائد كتيرة هقولك عليها عشان تحافظي على صحتك النفسية.

1. بيحافظ على مزاجك وروقانك طول اليوم.
2. بيساعدك إنك تبعدي عن الأفكار السلبية.

3. بيخليكي مركزة على أولوياتك وأهدافك بس.

4. بيساعدك إنك تنجزي كل المهام اللي عليكي بسرعة.

5. بيخليكي تركزي على الأشخاص الإيجابية وتبعدي عن الأشخاص السلبية.

6. بيخليكي عندك رضا وسلام نفسي طول اليوم.

طب إزاي تعملي بلوك عقلي عشان تعيشي بروقان في حياتك؟

• خلي العلاقة بينك وبين الأشخاص السلبية سطحية جداً ومتحاوليش تدخلي معاهم في حوار او نقاش.

• حاولي تتقني مهارة التغافل وعدي اي موقف بيضايقك واتحكمي في ردود أفعالك على طول متخليش المواقف السلبية تأثرعليكي نفسياً وإفتكري أغنية تامر حسني عديها عديها.

• إشغلي عقلك دايماً بالتفكير في أهدافك وتحقيق أهدافك وخططك إللي رسمِاها وكتباها وعايزة تحققيها.

- أقرأي كتير لأن القراءة من أهم الحاجات اللي بتخلي العقل مشغول وبيفكر في المعلومات الجديدة اللي إنتي هتقرأيها وهيتعرف عليها عن طريق قراءة الكتب.

- أكتبي والكتابة من أهم الحاجات اللي بتفرغ العقل وبتخليكي مركزة بس على اللي إنتي عايزة تعمليه ومحدداه.

دي بعض الحاجات اللي لو عملتيها هتقدري تعملي بلوك عقلي وتفصلي تأثير أي حد بيحاول يضايقك بأي كلام أو فعل جربي تطبيق البلوك العقلي في حياتك وإنتي بعدها هتحسي بسلام نفسي وراحة نفسية كبيرة..

****

متخليش حد يرسملك طريقك

في مقولة شهيرة للكاتب والأديب العالمي "وليام شيكسبير" بتقول (أصعب معركة في حياة الإنسان هي عندما يدفعه الناس إلى أنيكون شخص آخر).

لازم تعرفي إن مفيش أي حد من حقة يرسملك طريق حياتك اللي إنتي نفسك تعيشيها، ولا أي حد يفرض عليكي أراءة ونصايحة منوجهة نظرة، ولا أي حد من حقة يقنعك بحاجة إنتي مش مقتنعة بيها، ومش من حق أي حد يختار بالنيابة عنك وياخد قرارات بالنيابةعنك ومش من حق أي حد يرسملك طريق نجاحك إللي نفسك تحققيه إنتي شخصية مستقلة كائن مستقل بذاته إنتي بس إللي يحدد هوعايز إية؟ وعايز يحقق إية متخليش أي حد يفرض سيطرته عليكي ويخليكي تعيشي حياة إنتي مش عايزاها.

ولو عندك حلم وعايزة تحققية ولو عندك هدف عايزة توصلي لية لازم تتعبي وتصبري وتحاولي وتحاولي عشان تحققية مفيش حاجة بتيجي بالساهل أتعبي عشان تحققي حلمك هيقبلك صعوبات كتيرة وفشل وإحباط ميهمكيش كل ده حاولي تاني غيري طريقة الوصول لهدفك غيري طريقتك في تحقيقه خلي

حلمك يملى تفكيرك دايماً حفزي نفسك بنفسك لو ملقتيش حد يحفزك، بس عشان توصلي لازمتعملي خطوات ولو بسيطة عشان تحققي هدفك كل يوم إعملي حاجات بسيطة للهدف ده واستمري وأكيد لو نيتك بجد تحقيق حلممعين وبتدعي دايماً عشان توصلي لحلمك ده أكيد ربنا هيحققهولك بس لازم تجاهدي نفسك على طول عشان توصلي لهدفك هو طريق النجاح بيكون أولة صعب بس هتستمتعي بنجاحك بعد كدة. وافتكري دايماً المقولة دي" هذا عالمك شكلة بنفسك وإلا سيشكلة لك أحد غيرك".

*****

قانون الظن

في ناس عارفينهم في حياتنا بتحصل لهم مشاكل ومصايب كتيرة وفي ناس تانية بتعيش في سلام، وناس بتفشل في تحقيق أحلامهاوناس تانية بتنجح، وناس تانية بيتأخر رزقها وناس ربنا بيرزقها من وسع من حيث لا يحتسبوا ليه بيحصل كدة؟ تعالي أقولك.

في حديث قدسي يقول الله عز وجل:

"أنا عند ظن عبدي بي" يعني لما تتوقعي إن حياتك هتكون حلوة وهتنجحي وهتستمتعي بحياتك وهتسمعي أخبار حلوة فربنا هيحققلك إللى إنتي عايزاه "وعلى نياتكم ترزقون"

هو ده حسن الظن با ، ولو كنتي موسوسة دايماً بتفكري إن هيحصلك حاجة وحشة ومشكلة في حياتك وحياتك كلها نكد اتأكدي إنه يحصلك كل إللي إنتي بتفكري فيه لأن ده هو "سوء الظن " متقوليش إنك خارقة وعندك الحسه السادسة وتقولي والله أنا حسيت إنه يحصلي كدة لأن الله عز وجل قال:"والظانين بالظن السوء عليهم دائرة السوء" .. فحاولي دايماً تحسني الظن بالله لأن الخير من الله والشر من أنفسنا.

وفي ناس حياتهم تعيسة ولما تقربي منهم أكتر تلاقيهم هم اللي جايبين التعاسة والنكد لحياتهم، وفي ناس كتيرة بتمرض وبتصاببالعين والحسد بأسرع وقت ومش بيخف غير برقية شرعية وشيوخ ويقول إنه نجمه خفيف فنكتشف بعد كدة إنه بيخاف فعلاً مناالحسد والعين وعندة وسواس أن كل الناس ممكن تحسدة.

فحاولي دايماً يكون عندك حسن ظن با ودايماً تفائلي بالخير وأستعيني بالله وتوكلي على الله وفوضي أمرك كلة وخلي عندك يقين دائم إن ربنا مش عايزك تكوني عايشة في حزن ولا نكد ولا هم ولا حزن إنتي إللي بتجيبي لنفسك كل دة بتفكيرك السئ وسوء ظنك بربنا وأنصحك إنك تحصني نفسك كل يوم بأذكار الصباح والمساء فهي كافية جداً إنها تحميكي وتحفظك لأن ذكر الله وخصوصاً أذكار الصباح والمساء من أهم الحاجات اللي تقدر تحميكي وتحفظك لأن لما الإنسان يذكر ربنا بيتكون حوله هالة زرقاء بتحميه من الإصابة بالعين والحسد ومتخافيش من حاجة لأن ربنا معاكي وعيشي حياتك بتفاؤل وثقة ويقين إن ربنا معاكي وهيحميكي بلاش الشيطان يوسوسلك وتستسلمي لمداخل الشيطان وإستعيذي دايماً من الشيطان الرجيم وكبري ربنا في حياتك اللهأكبر من كل شيء الله قادر على فعل كل شئ وقادر يحفظك ويحميكي

باسمه الحفيظ وإفتكري كلام الله عز وجل "الشيطان يعدكم الفقرويأمركم بالفحشاء والله يعدكم مغفرة منه وفضلاً والله واسع عليم".

*****

الرضا ولا الطموح

قرأت في كتاب أن "الرضا والطموح مثل قضبي القطار لا يستطيع القطار السير بدون قضبين وكذلك الأنسان لابد أن يعيش الرضا ولكن يكون لديه الطموح والتغيير للأفضل والرضا ليس معناه التخاذل والأستسلام ولكن نسعي من أجل تحقيق أحلامنا مع الرضا بواقعنا الحالي "

فخلي عندك رضا بواقعك الحالي بس طوري دايماً من نفسك وخلي عندك طموح إنك توصلي لكل حاجة أفضل إنتي تستحقي أن تكوني أفضل نسخة من نفسك دايماً.

" عندما تضعي نوايا حسنة في حياتك ستبدأ حياتك بالتغيير فكل شئ ممكن وأنتي تجعلي منه أكثر إحتمالاً ليحدث عندما توجيه يطاقتك إلية بالنية"

المقولة دي بتعلمك إن إنتي تعرفي تحققي أي حاجة نفسك فيها لو نيتك فيها خير ونفسك تحققيها فعلاً عشان تفيدي بيها غيرك وصدقيني ربنا هيسخرلك كل الكون عشان تحققي حلمك ده وبالطاقة الإيجابية اللي موجوده عندك والحماس هتقدري توصلي لكلاللي إنتي عايزاه بس خلي عندك مرونة يعني لو فشلتي في تحقيق هدف معين غيري طريقك للوصول للهدف بس

متغيريش الهدف وإعملي خطوات بسيطة توصلك لهدفك ده خلي عندك طموح وأمل دايماً وهتوصلي حتى لو الوقت طال بس هتوصلي.

****

مثلث التوازن النفسي

عشان تحسي بالتوازن النفسي في حياتك لازم توازني بين 3 حاجات وهي روحك، وعقلك، وجسمك ولازم تغذي كل واحد فيهم على حسب احتجاجه.

أولاً: روحك وغذاء روحك هو الصلاة، والذكر، وقراءة القرآن، والتأمل كل دي حاجات بتغذي الروح وبتحسي بعدها بالسلام النفسي لازم تكوني قريبة من ربنا جداً وتلتزمي بالصلاة والدعاء والدعاء مهم جداً في حياتك إدعي لأولادك وإدعي لنفسك وإدعي لزوجك كالدعاء بيخليكي تفوضي أمرك وتحسي إنك متوكلة على الله في كل شيء في حياتك.

قراءة القرآن مهمة جداً بالنسبالك لأن قراءة القرآن بتقربك من ربنا وبتديكي نور وبركة في حياتك خصصي وقت كل يوم لقراءة القرآن ويكون ليكي ورد يومي للقراءة لو عايزة تنوري حياتك ويكون فيها خير وبركة.

ذكر الله مهم جداً في حياتك كمان خلي عندك ورد ذكر بسيط رددي الحمد وأستغفري وسبحي الذكر بيديكي طاقة عالية في يومك وبيخليكي تركزي أكتر.

التأمل عايزاكي تتأملي في كل حاجة حواليكي إتأملي في الطبيعة والشجر والورود والعصافير والجبال والبحار إتأملي في خلق اللهورددي سبحان الله كل لما تشوفي حاجة عجباكي صدقيني دا هيفرق في مودك جداً بعد كدة هتحسي بالهدوء والسكينة جربي وشوفي النتيجة.

ثانياً :عقلك وطبعاً غذاء العقل هو القراءة عودي نفسك على القراءة القراءة بتوسع فكرك وبتخليكي عندك معلومات عامة كتير فيجميع مجالات الحياة فبتكوني واثقة من نفسك إقرأي في كتب بتحبيها خصصي وقت كل يوم حتى لو 10 دقائق للقراءة فعلاً القراءة هتفرق جداً في نضجك العقلي وتوازنك النفسي.

ثالثاً :جسمك وغذاء جسمك مش أكل بس دا في حاجات كتير لازم تعمليها عشان تحافظي على جسمك هقولك عليها

1. النوم لازم تنامي عدد ساعات كافية عشان تقدري ترتاحي وتريحي جسمك وعقلك عشان تقدري بعد كدة تصحي وإنتي نشيطة وتقومي بعدها بمهامك اليومية من غير ضغط على أعصابك.

2. الأكل الصحي لازم تهتمي بالأكل الصحي زي الخضروات والفاكهة والبروتين عشان جسمك يكون عنده طاقة وصحة حلوه بعد كدة.

3. قضي وقت في الطبيعة روحي حديقة وإستمتعي بمنظر الأشجار والورود روحي البحر وإستمتعي بمنظر البحر والشمس والرمل إستمتعي بالمساحات الواسعة في الطبيعة ولو معندكيش وقت حاولي أفتحي البلكونة وإتفرجي على السما والسحاب والأشجار والعصافير وشمي الهوا الطبيعي وإستمتعي بأشعة الشمس بجد الحاجات دي هتفرق في يومك ومزاجك طول اليوم.

4. لما تعملي شغل معين مطلوب منك او بتعملي شغل البيت لازم تاخدي فترة راحة بين كل مهمة حتى لو 10 دقائق عشان متحسيش إنك مضغوطة.

5. إشربي مية كتير كل يوم لأن المية بتظبط أعضاء الجسم كلها وبتحسسك بالنشاط في اليوم وبتخفف من أعراض الصداع فلو مش بتشربي مية كتير حاولي عودي نفسك على شرب المية.

6. مارسي رياضة كل يوم حتى لو رياضة المشي أو تعملي تمارين بسيطة في البيت حتى لو 5 دقائق الرياضة بجد تحسسك بالنشاط والسعادة لأنها بترفع من هرمون الدوبامين في الجسم وكمان الرياضة هتحسن من صحتك بعد كدة وفي قنوات كتير على اليوتيوب بتعلمك تمارين ممكن تمارسيها في البيت أنا شخصياً بتابع قناة "سارة بوب فيت" قناة حلوة جدا والمدربة بتعلمك تمارين بسيطة تقدري تعمليها في البيت بكل سهولة أنصحك إنك تتابعيها وتعملي معاها التمارين فيالبيت بجد هيفرق في مودك وصحتك النفسية والبدنية.

7. إتنفسي صح حاولي تتنفسي بعمق كل يوم خودي شهيق وزفير عشان توصلي الأكسجين لمخك وعقلك.

8. إهتمي ببشرتك وشعرك واعتني بجمالك دا بيعلي ثقتك في نفسك جداً واهتمي بجسمك ونظافة جسمك كل الحاجات دي بتديكي ثقة عالية جداً في نفسك وبتحسي بالشعور بالراحة النفسية.

****

قواعد الروقان العشرون

في قواعد مهمة لازم تتبعيها في حياتك عشان تحسي بالروقان والهدوء وراحة البال هقولك على قواعد مهمة لازم تعمليها في حياتك عشان تكوني رايقة وتحافظي على روقانك وسلامك النفسي وعشان تفتكري دايماً إنك إنسان مش روبوت جربي طبقي القواعد دي هتحسي بتغيير كبير في حياتك.

1. خصصي وقت كل يوم عشان تقعدي فيه مع نفسك إللي جرب يقعد مع نفسة كل يوم ويستمتع بكل التفاصيل اللي هوبيعملها يعمل ركن لنفسة ويشرب فنجان الشاي أو القهوة أو النسكافية ويجيب كتاب حلو بيحبة يقرأ فيه أو دفتر التخطيط ويقعد يكتب ويخطط أو يسمع موسيقى هو بيحبها بجد بيحس بإستمتاع حلو أوي لو جربتي تقعدي مع نفسك كل يوم مش هتقدري تستغني عن القعدة الحلوة دي حاولي تقعدي مع نفسك كل يوم وشوفي النتيجة الإيجابية على حياتك كلها.

2. ركزي مع نفسك وركزي إنك تفرحي نفسك وتسعديها ومتركزيش مع الناس خالص روقي نفسك وركزي مع نفسك ومع حياتك ومع كل حاجة عايزة تعمليها عشان يومك وحياتك كلها تمشي صح وتستمتعي بيومك وحياتك كلها بعد كدة.

3. أتعلمي تحوطي نفسك أولاً إنتي أول حاجة بعد علاقتك بربنا وصلحي علاقتك بينك وبين ربنا عشان علاقتك بنفسكوعلاقتك بالناس اللي حواليكي تكون أحسن.

4. حاولي تفهمي نفسك عشان تكون علاقتك بنفسك كويسة وعشان تقدري تقومي بواجباتك وإهتماماتك ومهامك من غيرضغط على أعصابك وتقومي بواجباتك بكل حب.

5. كل حاجة بتحبيها حاولي تعمليها شوفي إنتي بتحبي إية واعملية متخليش يومك يعدي إلا لما تكوني عاملة حاجة لنفسك تبسطك وتغير مودك للأحسن.

6. أفتكري دايماً إن أي مشكلة بتحصلك أكيد هتنتهي بعد كدة مش هتفضل على طول وأشغلي نفسك بحاجات تانية وأشغلي نفسك بيومك وأهدافك هتلاقي المشكلة عدت بسلام.

7. متزعليش على اي حاجة كان نفسك تحققيها ومتحققتش ممكن ربنا كتبلك الخير في حاجة تانية لازم تعرفي كده كويس ممكن ربنا محققش طلبك وحلمك عشان كتبلك حاجة أحسن خلي عندك ثقة ويقين في الله وإفتكري المقولة دي دايماً "أحياناً لا تحصل على ما تريد لأنك تستحق الأفضل"

8. مش عيب إنك تغلطي وتفشلي الفشل هو بداية أي نجاح بس لازم تتعلمي من فشلك ومتكرريش الغلط تاني متيأسيش وحاولي وحاولي وأكيد هتوصلي لكل حاجة إنتي عاوزاها بعد كدة.

9. فضي دماغك واكتبي كل حاجة عايزة تعمليها في يومك لما تكتبي كل حاجة عايزة تعمليها دا بيخليكي واثقة من نفسكو عارفة إنتي عايزة تعملي إية بالظبط وبيقلل عندك الشعور بالقلق والتوتر في يومك.

10. قللي من القاعدة على الموبايل والسوشيال ميديا عشان بتسببلك تشتت ذهني ومش بتعرفي تركزي في حاجة معينة إنتي عايزة تعمليها أستغلي السوشيال ميديا في الحاجات اللي هتنفعك وهتفيدك مضيعيش وقتك ويومك في حاجات ملهاشلازمة بتعطلك عن تحقيق أهدافك ونزلي على الموبايل تطبيقات مفيدة أنا شخصياً منزلة تطبيقات بتفدني جداً زي تطبيقمكتبتي، وتطبيق آية، وتطبيق تنمية بشرية، وتطبيق بينترست، وطبعاً تطبيق كوكباد اللي بنزل علية وصفات الأكل والحلويات وأمارس هوايتي المفضلة إنتي كمان شوفي تطبيقات مفيدة ونزليها عشان تستفيدي من القاعدة على الموبايل.

11. بطلي تحكمي على الناس خليكي في حالك إشغلي نفسك بنفسك كل الناس الناجحين مش بيركزوا غير على أهدافهم ونجاحهم بس لو عايزة

تكوني من الشخصيات الناجحة بلاش تحكمي على اي حد وخليكي في حالك وتذكري قول الله " ياأيها اللذين آمنوا عليكم أنفسكم لا يضركم من ضل إذا أهتديتم ".

12. اهتمي بصحتك النفسية وقللي توقعاتك من الناس متتعشميش في حد كل لما كانت توقعاتك عالية في الشخص اللي قدامك ومعملش توقعاتك دي هيجيلك إكتئاب وحزن وضيق عشان معملش اللي إنتي كنتي عايزاه وطبعاً مش كل الناس هتعملكل حاجة إنتي متوقعاها فعشان صحتك النفسية تكون كويسة قللي التوقعات من كل الناس اللي حواليكي.

13. بطلي تفكري تفكير زائد بتفكري في الماضي وتحزني وتفكري في المستقبل وتخافي ومفكرتيش تفكري في اللحظة اللي إنتي عايشاها دلوقتي الماضي خلاص مش هيرجع تاني والمستقبل بيد الله إنتي تملكي بس اللحظة اللي إنتي عايشاها دلوقتي إستمتعي بكل لحظة تمر عليكي ومتفكريش كتيييير لأن كل شيء مكتوب عند الله هيحصل حاولي

إستمتعي بكل لحظات حياتك لأنها هتكون زكريات بعد كدة هتفتكريها فخليها زكريات سعيدة.

14. خلي عندك مرونه نفسية في التعامل مع الناس ومع ظروف الحياة، والمرونة النفسية هي قدرتك على التأقلم في جميع ظروف الحياة الصعبة زي المشاكل العائلية والعاطفية والأزمات الصحية أو الأزمات الاقتصادية لازم تتعلمي إنك تخرجي من أي موقف مريتي بيه من غير مايأثر عليكي وعلى سلامك النفسي وصحتك النفسية.

15. إعطي أكتر ما تاخدي العطاء أفضل بكتير من الأخذ فعلاً لوطبقتي القانون ده في حياتك هتكوني سعيدة ومبسوطة ومش منتظرة حاجة من حد وهيقلل فكرة إنك بتعملي حاجات كتير والناس مش مقدراكي إنتي بتاخدي الأجر والثواب من عندربنا فبنصحك إنك تطبقي القانون ده في حياتك عشان تحسي بالروقان والهدوء وراحة البال.

16. قولي لأ إتعلمي تقولي لأ لأي حاجة بتضايقك أو أي حاجة مش من إهتماماتك إتعلمي تقولي لأ لو مش عايزة تعملي حاجة حسة إنها بتوترك وبتوتر أعصابك متجيش على نفسك لحساب حد إنتي أولاً.

17. عشان تكوني رايقة لازم المكان اللي أنتي قاعدة فية يكون رايق يعني نضيف ومنظم على قدر الإمكان حافظي على نظافة بيتك ولو إنتي بتشتغلي حاولي يكون المكان حواليكي منظم ومكتبك منظم ونضيف التنظيم والنظافة بيخلو دماغك رايقةإتعلمي طرق جديدة للتنظيم شوفي فيديوهات عن طريقة تنظيف البيت بطريقة سهلة وبسيطة لو حافظتي على نظام بيتك ونظافته هتحسي بالروقان والهدوء ودماغك كمان هتكون رايقة.

18. إقتنعي دايماً إن الرزق من عند ربنا وارضي باللي ربنا قسمهولك بس لازم مع الرضا يكون فيه سعي لازم تسعي وتجتهدي إنك تكوني في حال أفضل وأحسن لازم تغيري من نفسك وتجتهدي إنك تكوني في ظروف أحسن يعني لازم تتعلمي وتدوري وتتعبي عشان تحسني من

نفسك ومن ظروفك وخلي عندك يقين وثقة في ربنا إنه هيكون معاكي دايماً

وإفتكري قول الله "وَأَنْ ۞ لَيْسَ لِلْ۞إِنْسَانِ إلا مَا سَعَى، وَأَنَ سعيه سَوْفَ يُرَى، ثُمَّ يُجْزَاهُ الْجَزَاءَ الْأوْ ۞فَى"

19. أكيد هتلاقي ناس تحبطك وناس سلبية في حياتك بتعطلك وبتقلل من جهدك دايماً حتى لو شيفينك ناجحة لو قابلتي الشخصيات دي في حياتك وطبعاً كلنا عندنا الشخصيات اللي من النوع ده اوعي تتأثري بكلامهم وإدعمي نفسك وحوطي نفسك بالناس الإيجابيين بس حتى لو هتلاقيهم على السوشيال ميديا دوري على اليوتيوب وعلى وسائل التواصل

الاجتماعي على الناس الناجحة الإيجابية وتابعيهم وخليهم مصدر طاقة ليكي،في سورة الكهف في آية قرآنية يقول الله عز وجل {وَاصْبِرْ نَفْسَكَ مَعَ الَّذِينَ يَدْعُونَ رَبَّهُم بِالْغَدَاةِ وَالْعَشِي يُرِيدُونَ وجهه وَلَا تَعْدُ عَيْنَاكَ عَنْهُمْ تُرِيدُ زِينَةَ الْحَيَاةِ الدُّنْيَا وَلَا تُطِعْ مَنْ أَغْ۞فَلْنَا قَلْبَه عَن ذِكْرِنَا وَأَتْبَعَ هَوَاهُ وَكَانَ أَمْ ۞رُهُ

فُرُطًا} فكرتي قبل كدة في معنى الآية؟ الله عز وجل يقول إن الإنسان يكون دايماً مع الناس إللي بتشجعه وتشدة دايماً لفعل الخير ممكن الناس دول يكونوا أصحاب، أقارب، اي حد يكونمعاكي ويشجعك لعمل الخير ولو ملقتيش الناس دول في حياتك زي ما قلتلك دوري عليهم في اليوتيوب أو وسائل التواصل الاجتماعي دوري على الناس اللي شبهك ولها نفس إهتماماتك دي حاجة هتساعدك جداً وتديكي كل لما تفقدي ثقتك في نفسك أو تفقدي شغفك شوفيهم وإسماعيهم.

20. وآخر قاعدة حبيت أختم بيها قواعد الروقان العشرون هي "الامتنان" في حاجات في حياتك إنتي معتبراها من المسلماتفي حياتك يعني لازم تكون موجودة ومش مركزة إن الحاجات دي هبه من عند ربنا ليكي يعني لو عندك بيت وزوج وأولاد وعايشة في أمان وسكينة دي نعمة كبيرة محتاجة شكر ولو بتعملي شغل البيت كل يوم وبتساعدي أولادك في المذاكرة وبتنامي كويس وبتصحي وإنتي صحتك كويسة وبتعملي فنجان القهوة اللي إنتي بتحبية وبتاكلي كويس وبتتنفسيكويس وبتنفسي دي

حاجات لازم تحمدي عليها ربنا كل يوم وتشكريه على كل نعمة إدهالك فالشكر والحمد يزيد النعم، ومن المقولات إللي قرأتها واعجبت بيها جداً بخصوص الامتنان المقولة دي إكتبيها وحوطيها قدامك على طول عشان تفتكري إنك عايشة في نعم كتير إنتي مش حساها.. "قد يقتلك الروتين الهادئ لحياتك يضيق صدرك تتشابه أيامك ولو تأملت قليلاً،لأدركت أن يومك الذي يشبه أمسك في صحتك، و قرب أهلك، وخلوّه من فواجع المصائب لهو يومٌ مُبهج تحمل ساعات ألف ألف نعمة ونحن لا نشعر".

*****

إتعلمي برمجة

في حاجة بنسمع عنها كتير اسمها العقل الباطن بس إنتي تعرفي إيه العقل الباطن؟ واد إية هو مهم في حياتك كلها، قرأت مقولة تقول " أنت كما تفكر " وفكرت يعني إية؟ يعني كل اللي بيدور في عقلك هو إللي هيأثر عليكي بعد كدة على جسمك وعلى حالتك النفسية والصحية وبعد كدة اُكتشفت أن العقل الباطن هو المسؤل عن كل ده بإختصار العقل الباطن هو: مركز الأنفعالات والعواطف ومخزن للذاكرة زي الكمبيوتر لما بنخزن عليه معلومات وصور وحاجات كتير بنستخدمها في حياتنا وبيحتفظ بكل المعلومات القديمة من الطفولة يعني لو إنتي مخزنة أفكار إيجابية هتكون حياتك إيجابية وجسمك هيستقبل الأفكار دي ويحاولها في صورة جسم صحي من غير أمراض بس لو إنتي مخزنة أفكار سلبية هتكون حياتك سلبية وجسمك هيتعب وهيشعر

بالأرهاق والتعب وهيجيلوا أمراض،طب إزاي أبرمج عقلي في ظل كل الظروف الصعبة إللي بنمر بيها في حياتنا وأفكر بإيجابية؟

1. لازم تؤمني بإن ربنا عايز لنا الخير دايماً متنسيش ده لأن ربنا قال في القرآن الكريم " إن الله لا يظلم الناس شيئاً ولكن الناس أنفسهم يظلمون"

2. لازم تشكري ربنا دايماً لأن الله قال "ولئن شكرتم لأزيدنكم" فالشكر والحمد يزيد النعم والقلب الشاكر دائماً قريب إلى الله فهتشعري بالسعادة اللي هتوصلك بعد كدة للرضا.

3. إنتي سيدة عقلك وأفكارك فخلي أفكارك كلها إيجابية وخلي عندك حسن ظن بالله دايماً إنتي ظنك بربنا إية؟

4. متستسلميش لخداع الشيطان إللي دايماً بيشوهلك صورتك الذهنية عن نفسك إنتي أفضل مخلوقات الله على الأرض كرمكربنا عن باقي المخلوقات إنتي خليفة الله في الأرض متسمعيش لكلام الشيطان لأنه

عايزك حزينة وعاجزة فقال الله "الشيطان يعدكم الفقر ويأمركم بالفحشاء والله يعدكم مغفرة منه وفضلا والله واسع عليم"

5. ممكن تحققي كل إللي إنتي عاوزاه وتكوني بصحة كويسة وتحصلي على السعادة عن طريق برمجة عقلك الباطن فالعقل الباطن له القدرة على تغيير مسار حياتك عن طريق تفكيرك فخلي عقلك وتفكيرك يكون إيجابي ويفكر بإيجابية دايماًاستخدمي عقلك صح عشان يوصلك لطريق النجاح وتكوني شخصية فعالة لها قيمة.

6. إكتسبي عادات إيجابية جديدة تغير حياتك وتفكيرك واتخلصي من العادات السلبية اللي بتأثر على حياتك.

7. افتكري دايماً إنك مسؤلة عن تغير حياتك للأحسن إنتي بس اللي تقدري تقرري التغيير.

*****

اتمسكي بتفاصيلك البسيطة

في حياتنا تفاصيل كتيرة ممكن تسبب لنا السعادة مش لازم عشان أكون سعيدة إني أملك حاجات كتير السعادة في تفاصيلك البسيطة إللى في حياتك اليومية والتفاصيل البسيطة الحلوة دي هي أي حاجة بنحبها وبتشغل حاسة من حواسنا الخمسة بحب وأستمتاع زي سماع إذاعة القرآن الكريم كل يوم في المطبخ، زي ريحة القهوة الصبح، واشعة الشمس لما تدخل البيت، زي ضحكت إبنك أو بنتك وهي فرحانة ومبسوطة، زي ريحة الهدوم النظيفة، زي قاعدة حلوة وإنتي بتقرأي كتاب بتحبية، زي ريحة المعجنات وإنتي بتخبزيهافي الفرن دا احلى إحساس عندي بحب جداً المعجنات وريحتها في البيت، زي تعلم حاجة جديدة نفسك تتعلميها، زي تحقيق إنجازوهدف في حياتك كان نفسك تحققيه دي حاجات من ضمن حاجات كتير في حياتنا ممكن نستمتع بيها وتسبب لنا السعادة طب وإيه فايدة التفاصيل البسيطة في

حياتنا، التفاصيل البسيطة دي بتعتبر تمرين عملي إننا نعيش اللحظة الحالية وبتركزي على كل التفاصيل البسيطة الحلوة في حياتك مجرد ما بتفكري في التفاصيل البسيطة الموجودة في يومك دا بيخليكي عايشة اللحظة إللى إنتي فيها مش بتفكري كتير في حاجات لسة هتحصل أو حاجات حصلت فإنك تركزي في التفاصيل البسيطة في حياتك دا تمرين حلو أوي إنك تعيشي كل تفاصيل يومك بسعادة وإستمتاع،والتركيز في التفاصيل البسيطة دي بيعتبر نوع من أنواع شكر الله والإمتنان على النعم الموجودة في حياتنا واحنا مش بناخد بالنا منها فكل لحظة من اللحظات دي تعتبر نعمة من ربنا وأكيد لما نشكر ربنا على كل نعمة ادهالنا حتى لو كانت بسيطة أكيد ربنا هيزود النعم في حياتنا.

ومن الحاجات الحلوة في التفاصيل البسيطة إنها بتخلينا متصلين أكتر بالعالم اللي عايشين فيه وبيكون عندنا إتصال بيومنا وبتفاصيل حياتنا وبتفاصيل بتنا.

وبنتفكرنا بجمال الحياة وإن حياتنا سعيدة وفيها تفاصيل جميلة بعيد عن الحياة اليومية المملة والمهام اليومية أكيد في حاجات جميلة في حياتنا حتى لو بسيطة.

بتخلينا نتواصل أكتر مع نفسنا وبنعرف إية الحاجات اللي بتفرحنا وتبسطنا فبنفهم نفسنا بطريقة صح،عايزاكي بعد كدة تركزي على التفاصيل البسيطة في يومك عشان تحسي بالسعادة والإمتنان وتذكري دايماً "أن تنتصري على الحياة بتفاصيلك البسيطة".

*****

دراكولا الطاقة!

في عالمنا العربي البنت دائماً بتتربى على أن هي عشان شخص! بتبدأ ترسم كل حياتها وكل أفكارها على أنها منتمية لشخص معين فتعيش احلام وردية إنها هتحب وتتحب ومنتظرة حد يجي يحبها عشان ينقذها من إللي هي فية فتبدأ تتفرج على المسلسلات التركية الرومانسية وفي كمان المسلسلات الهندية وتتفرج على الأفلام الرومانسية وتفضل تحلم بالشخص المناسب إللي هينقذها ويخطفها على حصان أبيض ويعيشوا في تبات ونبات بغض النظر عن معنى تبات ونبات إللي مش فاهمة معناها لحد دلوقت ويخلفوا صبيانوبنات وكأن هي ملهاش أي وظيفة ولا رسالة إلا إنها بتكون بتحب وبتتحب! طب إية اللي هيحصل لو كل بنت عملت كدة؟ بيرتفع عندها سقف التوقعات جداً وبتكون عايشة في حالة إحتياج دائم للطرف الآخر

طول ما إنتي عايشة الإحتياج وعايزة حب ورومانسية مش هتحصلي عليها أبداً وهتفضلي تجري ورا احتياجك دة ومش هتلاقية وحالة الإحتياج بتدل على إن طاقتك فيها نقص لحاجة معينة، ولكن لو إنتي عايشة حالة من الإشباع والغنى وشوفتي مشهد رومانسي هتقولي الله فيه حاجات حلوة في الحياة وهتكوني سعيدة ومبسوطة وهتقولي أكيد هحس الإحساس ده قريب.

طب لو إنتي فعلاً عايشة الإحتياج وتزوجتي وزوجك كان مشغول طول الوقت بره البيت وإنتي قاعدة فاضية مش بتعملي حاجةوطبعاً سقف توقعاتك من زوجك عالي جداً فهتبدأي تتصدمي ويحصل عندك شح نفسي يعني انتي علقتي سعدتك وراحتك بزوجك وتقعدي مع نفسك تقولي زوجي مش بيحبني، زوجي مش رومانسي معايا، زوجي مش مهتم بيا، زوجي مش بيقولي بحبك فبتكوني معندكيش قيمة وتشوفي قيمتك من تعامل زوجك ليكي مع إن قيمتك موجودة عندك ربنا ادهالك ممكن زوجك مش بيكلمك عشان مشغول بالفعل أو مضغوط من ظروف الحياة أو هو مش بيعرف يعبر

بالكلام فالأفكار السلبية تجيلك إنك ملكيش قيمة أنا مش مهمة وفي حياتة

وأفكار كتير سلبية تانية اه ما إنتي فاضية بئا مش وراكي حاجة.

بس لما يكون عندك صله بربنا قوية فإنتي بتكوني حسة بقيمتك بالفعل

وبتشحني طاقتك دائماً زي الموبايل لما يفصل شحن لازم تشحنيه عشان

تعرفي تستخدمية موبايل من غير شحن ملوش لازمة كذلك الإنسان من غير

صلها قوية بربنا هو جسد من غير روح فإنتي لازم تستمدي قوتك من الخالق

من ربنا الأول ولو عملتي كدة مش هتكوني عايزة حاجة من حد فمثلاً لما

زوجك يعاملك كويس فبيضيف لسعادتك سعادة بس لما تكوني معلقة

سعادتك وقيمتك في تعامل زوجك ليكي فبتكوني في حالة شح وهتموتي عشان

تسمعيكلمة حلوة وتحسي بالتقدير منه فاللي بيحصل إنك تتحولي لإنسانة

ماصة للطاقة بتشفطي طاقة زوجك زي "دراكولا" اللي بيمص الدماء إنتي بئا

هتكوني بتمصي الطاقة دا نوع جديد بس الحلو فيه إنك مش بتموتي الشخص

اللي قدامك فالحمد لله، بس هتخلية يهربمنك وإحنا مش عايزين كدة.

طب تعملي إية عشان متكونيش من شافطي الطاقة؟ "دراكولا الطاقة"

1. إتعلمي العطاء إعطي أكتر ما تاخدي إعطي حتى لو شئ بسيط لزوجك ممكن ابتسامة بسيطة، ممكن تعملي أكلة حلوة هو بيحبها وتقدميهالو أو نوع حلويات هو بيحبة أعملي كل دة بنية العطاء صدقيني هتاخدي طاقة كبيرة وإشباع نفسي كبير.

2. إهتمي بنفسك شوية كفاية كلمت أنا عايشة عشان ولادي وأنا عايشة عشان زوجي إنتي الأول ثم هما بعد كدة.

3. أقرأي كتير في كتب ثقافة المرأة وإتعلمي إزاي تحوطي أهداف في حياتك وتخططي لأهدافك عشان تحققيها بعد كدة وإتعلمي إزاي يكون عندك رسالة وبتسعي عشان تحققيها إقرأي كتير وأتعلمي عشان تعملي لنفسك قيمة وهي قيمة العلم وعن طريق القراءة بتشحني نفسك عشان يكون عندك توازن في الحياة حاولي تشبعي نفسك عشان تعرفي تعطي الحب وتعطي الطاقة لكل اللي حواليكي.

*****

إن معي ربي سيهدين

إنتي عارفة طبعاً إن الدعاء ده قالو سيدنا موسى لما كان فرعون وجنودة عايزين يقتلو سيدنا موسي وهو هرب منهم وبعدين وهو في نهاية الطريق شاف بحر قدامه وفرعون وجنوده وراه فعمل إية سيدنا موسى؟ هل يستمر في المشي ويتقدم فيغرق في البحر ولا

يرجع ورا لفرعون وجنوده فيقتلوه؟ بس عشان سيدنا موسى عنده يقين في ربنا إنه مش هيضيعه أبداً قال لقوم إسرائيل "إن معيربي سيهدين" فأنشق البحر لسيدنا موسى وعبر الطريق ولما حاول فرعون أن يعبر الطريق غرق في البحر هو وجنوده .

تستفيدي إية بئا من القصة دي تستفيدي إن لما يكون عندك ثقة ويقين تام في ربنا إنة هيفرج همك، وينصرك، ويجبرك، ويقويكي ويعينك، وهيحققلك حلمك هيحصلك كل إللي إنتي عايزاه يعني لازم الأول يكون عندك ثقة ويقين

ووثقة إن ربنا هيحققلك كل إللإنتي عايزاه بالفعل يعني لو كل الظروف اللي حواليكي بتقول إنك مش هتحققي حلمك بس إنتي من جواكي واثقة في ربنا وعندك يقين إن حلمك ده هيتحقق صدقيني حلمك هيتحقق ومتحسبيهاش بحسابات الدنيا لأن ربنا بيرزق من غير حساب "إن الله يرزق منيشاء من غير حساب" ومن أسماء الله الحسنى أسم الله الحسيب وأسم الله الحسيب معناه هو "الكافي الرفيع الشأن يعلم ويرزق ويكفي" فخلي عندك دايماً ثقة ويقين في الله لأن الله هو الكافي، الحسيب، الرزاق، الهادي، ورددي دايماً دعاء سيدنا موسى "إن معيربي سيهدين"

فكري بإيجابية

تؤثر الأفكار في حياتنا بالسلب أو بالإيجاب، فكلما كانت أفكارك ومعتقداتك إيجابية وصحية كلما ساعدتك هذة الأفكار على أن تكون إنساناً سوياً وسعيداً ومفيداً لنفسك وللأخرين والعكس بالعكس.

المقولة الرائعة دي للدكتورة نشوى صلاح في كتاب قهوة "صباحية مع النفس" المقولة دي أثرت فيا جداً وبسببها بحثت وأخدتكورس في علم النفس الإيجابي وكورس عن التفكير الإيجابي واتعلمت حاجات كتير جداً عن التفكير الإيجابي وإزاي هو مهم جداًفي تكوين شخصية الإنسان فخليني أشرحلك ببساطة إية هو التفكير الإيجابي.

التفكير الإيجابي هو" حالة ذهنية تأتي للإنسان للتفكير في الأشياء الإيجابية دائماً وتبتعد عن التفكير في الأشياء السلبيةالسيئة حتى يحصل الإنسان على السعادة ويجعل حياته أكثر إنتاجية ويعيش في حالة صحية جيدة وصحة عقلية جيدة"وكتير من الناجحين بيقولو بأن سبب نجاحهم الأساسي هو

التفكير بطريقة إيجابية فالشخص الذي يواجه الحياة بإيجابية بيكون ناجح على المستوى العلمي والمستوى الشخصي.

هو ده تعريف التفكير الإيجابي بطريقة بسيطة وسهلة وفعلاً التفكير الإيجابي مهم في حياتنا ومهم في تغير حياتنا للأحسن والحاجة اللي إنتي مركزة عليها طول الوقت هي دي اللي هتلاقيها وهتتحقق في حياتك. ما تركز عليه يزداد ويكثر" ..

طيب مين الشخص اللي تفكيره إيجابي؟

هو الشخص اللي بيغلب تفكيره حسن الظن.

ومين الشخص اللي تفكيره سَلبي؟

هو الشخص الذي يغلب على تفكيره سوء الظن على حسن الظن.

الشخص الإيجابي بيشوف الحاجة الحلوة في الحاجة الوحشة، والشخص السلبي بيشوف الحاجة الوحشة في الحاجة الحلوة.

الشخص الإيجابي بيتعرض لمشاكل كتير بس بيكون تركيزة مش على المشكلة بيكون تركيزة على حل المشكلة.

الشخص السلبي بيتعرض لمشاكل بس بيكون تركيزة على المشكلة مش على حل المشكلة.

دا شرح بسيط للتفكير الإيجابي والتفكير السلبي والفرق بين الشخصية الإيجابية والشخصية السلبية حاولي تغيري تفكيرك لو تفكيرك سلبي لأن التفكير هو السبب الأساسي في تغير حياتك للأحسن في مقولة شهيرة لغاندي يقول فيها " ما المرء إلا نتاج أفكاره" بالتفكير بس يكون تفكيرك إيجابي هتقدري تنجحي وتوصلي لكل حاجة إنتي عاوزاها وعشان توصلي للتفكير الإيجابي في حياتك هقولك على بعض النصائح عشان تنفذيها في حياتك عشان تقدري تغيري تفكيرك للأحسن ويكون تفكيرك إيجابي.

1. من أهم الحاجات فعلاً إللي هتساعدك إن يكون تفكيرك إيجابي هو ذكر الله الذكر من أهم الحاجات اللي لو استمريتي عليها هتحسي بتغير في أفكارك هيكون عقلك مشغول دايماً بالذكر مش هيفكر في اي حاجة سلبية كلما يجيلك فكرة سلبية أستغفري الله أو سبحي الله أو احمدي الله الذكر هيخليكي متفكريش في المشكلة لسانك هيكون

مستمر في الذكر وعقلك مشغول بالتفكير فيه حاولي لما تحسي إنك مضغوطة أو في حاجة شغلاكي وهتبدأي تفكري تفكير سلبي اذكري الله خلي لسانك رطب بذكر الله دايماً وإفتكري قول الله" ألا بذكر الله تطمئن القلوب"

2. خليكي مستمعة جيدة يعني اسمعي أكتر ما تتكلمي أسمعي دايماً حاجات إيجابية عن طريق البودكاست في دلوقتي بودكاست مفيدة جداً هتنفعك وتفيدك وتشغلي عاقلك وتفكيرك بيها أسمعي كتب صوتية عن طريقالبودكاست أو اليوتيوب طول ما إنتي شاغله عقلك بحاجات إيجابية مفيش أفكار سلبية هتجيلك ولو إنتي بتحبيتسمعي الراديو زي شغلي الراديو بإستمرار على إذاعة القرآن الكريم والإذاعات المختلفة الموجودة في الراديو بجد هتستفيدي جداً جربي وشوفي نتيجة الإستماع على حياتك.

3. دوري دايماً على أهداف واعملي خطة للهدف عشان تحققي الهدف وكل ما يخلص هدف معين شوفي هدف جديد وأعملي خطة عشان

تحقيقه فكرة إنك يكون عندك هدف شاغل عقلك وتفكيرك عشان تحقيقية هيخليكي مركزة طول الوقت على الهدف وتحقيقه وهيبعد عنك الأفكار السلبية حتى لو الهدف ده مثلاً كتاب عايزة تخلصيه في وقت معين كورس عايزة تبدأي فيه وتخلصية في وقت معين عايزة تبدأي تعملي رجيم وتمشي على نظام غذائي صحي عايزة تقرأي القرآن وتعملي خاتمة في وقت معين شوفي الهدف المناسب ليكي وحاولي تعملي خطة عشان تحققية إشغلي وقتك دايماً خليكي مشغولة بأهدافك دي حاجة مهمة جداً عشان تخلصك من التفكير السلبي.

4. إعملي قائمة إمتنان لكل حاجة ممتنة ليها في حياتك إكتبي نعم ربنا اللي ادهالك من غير حساب زي نعمة الصحة، ونعمة الأمن والأمان والاستقرار، زي نعمة الأولاد والذرية الصالحة، زي نعمة العقل والتفكر، زي نعمة القراءة زي نعمة المواهب الموجودة عندك ونعم كتير جداً موجودة عندك بس إنتي مش مركزة معاها إعملي قائمة إمتنان واكتبي على الأقل 30 نعمة عندك ربنا ادهالك من غير حساب لما

تعملي قائمة أمتنان ويجيليك لحظات يأس أو إحباط وهتبدأي تفكري تفكير سلبي طلعي قائمة إمتنانك وأقرأيها وأستشعري نعم ربناعليكي هتحسي بعدها بتفائل ورضا وهتفكري بإيجابية دايماً.

5. حوطي نفسك بالناس الإيجابيين إتعرفي على ناس طموحة وناجحة في حياتها يشدوكي لطريق النجاح ولو مفيشفي حياتك شخصيات إيجابية شوفي على السوشيال ميديا شخصيات إيجابية وتابعيهم بإستمرار أنا من الشخصيات الناجحة اللي بتابعهم وبستفيد منهم ومن خبراتهم جداً الايف كوتش هبة السواح، والايف كوتش نرمين البحيري، ودكتور كريم علي، وأستاذ أحمد عمارة، وأستاذ عمرو خالد، وأستاذ مصطفى حسني، والشيخعمرعبد الكافي والدكتور إبراهيم الفقي رحمه الله ومن ضمن الناس اللي بتبعهم طبعاً بتابع شيفات كتير لإني بحب الطبخ فبتابع الشيف فاطمة أبو حاتي، والشيف نادية السيد، والشيف مروة الشافعي، والشيف رشا الشاميوشيفات من بلاد مختلفة من سوريا ولبنان والأردن وفلسطين ومن ماليزيا ومن أمريكا كلهم

اتعلمت منهم حاجات كتير جداً بجد كلهم شخصيات غيرت تفكيري ومعتقداتي للأحسن استفدت من كل شخص في حاجات كتير كل شخص في مجاله أنصحك إنك تتابعيهم على فيس بوك أو إنستجرام أو يوتيوب هتستفيدي منهم جداً.

6. متلعبيش دور الضحية لما تقابلك مشكلة خليكي من الشخصيات الإيجابية اللي بتفكر في حل المشكلة متستسلميش لأفكارك السلبية وخليكي قد المسؤلية وحاولي حلى مشاكلك بالتفكير في الحل ركزي على حل المشكلة مش على المشكلة نفسها الفكرة دي هتخليكي تفكري بإيجابية وتبطلي تلعبي دور الضحية.

7. إقرأي كتب بتتكلم عن الإيجابية وأهميتها في حياتك في كتب كتير جداً بتتكلم عن الإيجابية إبحثي عن أسماءكتب وأقرأيها بإستمرار وفي كتب أجنبية مترجمة بتتكلم عن الإيجابية والتفائل وكتب عربية حلوة جداً مثلاًكتاب هيا تفائلوا، وكتاب مميز بالأصفر، وكتاب ابق قوياً، كتاب الأثر المذهل للعادات البسيطة، وكتاب صباحإستثنائي كل

يوم، وكتاب فن اللامبالاة، وكتاب قوة التركيز وكتاب أنت مزهر كل يوم دي أمثلة بسيطة لكتبممكن تقرأيها ودلوقتي ممكن تقرأي الكتب من المكتبات الألكترونية بكل سهولة إبحثي على النت على اشم الكتاب ونزلية عندك على الموبايل واقرأية وكل لما تخلصي قراءة كتاب نزلي كتاب تاني وهكذا في مكتبات إلكترونية كتير على النت أنا بقرأ الكتب من موقع كتوباتي موقع حلو جداً ومنظم فيه أقسام كتير لأنواع الكتباللي إنتي بتحبيها وعايزه تقرأيها وفي موقع مكتبة الكتب وموقع نور ومواقع كتير موجودة دوري وإنتي هتلاقي ولو عايز تقرأي من الكتب الورقية اشتري الكتاب واقرأية بس انا بسهل عليكي لو عايزة تقرأي كتب ممكن عادي تقرأيها من الموبايل دي ميزة حلوة استغليها على تليفونك.

8. إتعلمي حاجات جديدة بإستمرار طول ما إنتي شاغله عقلك دايماً بإنك تتعلمي حاجات جديدة معملتيهاش قبل كدة الفكرة دي هتحمسك جداً وهتشغل تفكيرك يعني مثلاً إتعلمي تجويد القرآن لو متعلمتيش

تجويد قبل كدة حاولي تتعلمي تجويد فعلاً هيفرق معاكي وكمان هتقرأي القرآن بطريقة صحيحة، ممكن كمان تتعلمي برمجة لو بتحبي الكمبيوتر، ممكن تتعلمي تفصيل، أو تتعلمي تصميم أنا شخصياً إتعلمت تصميم وتخصصت في تصميم التيشيرتات والتابلوهات للطباعة تحت الطلب الفكرة كانت جديدة بالنسبة لي وأول مرة أعرفها ولما اتعلمت التصميم وفهمت الطريقة وإزاي أعمل تصميم للطباعة أستمتعت جداً مع إن دي حاجة عمري ما عملتها في

حياتي قبل كدة إنتي كمان شوفي عايزة تجربي إية جديد وتتعلمية ممكن تكتشفي إنك بتحبي حاجة جديدة بتشد كإنك تتعلميها وتكملي فيها جربي وشوفي بجد هتستمتعي جداً وهيقل عندك التفكير السلبي لأنك هتكوني مستمتع بتجربة جديدة بتعمليها أول مرة في حياتك.

9. إعملي أعمال تطوعية تفيدي بيها غيرك والأعمال التطوعية مش مقتصرة على الجمعيات الخيرية إنتي ممكنتعملي عمل تطوعي وتفيدي الناس وإنتي في البيت يعني لو عندك خبرة في حاجة معينة ممكن تنفعي بيها غيرك

ممكن تقدميها من غير مقابل أنا مثلاً مشتركة في موقع أسمة Quora هو عبارة عن موقع وتطبيق ناسبتنزل علية أسئلة هي مش عارفاها وناس تانية بتجاوب على الأسئلة في حدود خبرتهم ومعرفتهم أنا بدخل على التطبيق بإستمرار ولو في حد بيسأل سؤال أنا عندي علم بيه بجاوب وبقدم إستشارات نفسية ودعم نفسي لناس كتير وخصوصاً للشباب والبنات في مرحلة المراهقة هما فعلاً معندهمش خبرة في الحياة كفاية ومحتاجين حديدلهم على الطريق الصح فبجاوب على الأسئلة اللي بعرفها في حدود علمي وتخصصي بس إحساس إنك تساعدي حد إحساس رائع جداً أنصحك إنك تنزلي التطبيق وتساعدي أي حد محتاج مساعدة في التخصص الليانتي بتعرفية وحسة إنك هتقدري تفيدي غيرك الفكرة دي نفسها بتخليكي تفكري إزاي هساعد الشخص اللي سأل السؤال وإية هي الإجابة المناسبة إللي ممكن أنفعه بيها كل دي حاجات بتبعد عنك التفكير السلبي وبتحسسك إنك عندك قيمة وبتنفعي غيرك بعلمك وإفتكري دايماً

حديث الرسول "صلى الله عليه وسلم" (خير الناس أنفعهم للناس) ومن الأعمال اللي بعتبرها أعمال تطوعية إني بكتب وصفات أكل وحلويات على موقع كوكباد وجريدة عالم النجوم بنية النفع إني أنفع البنات والمتزوجات حديثاً على إنهم يعرفوا ويتعلموا وصفات أكل مكتوبة بطريقة بسيطة عشان يعرفوا يعملوها بعد كدة دي حاجة بكون مبسوطه أوي وأنا بعملها ربنا يتقبل ويجعله في ميزان حسناتي إن شاء الله.

توكيدات إيجابية لحياة إيجابية

من فترة قريبة سمعت عن التوكيدات الإيجابية وقد إية هي مهمة في حياتنا عشان نقدر من خلال التوكيدات الإيجابية اللي بنقولها لنفسنا إننا نغير في أفكارنا ومعتقداتنا وبعد كدة قررت إني أقول كل يوم بعض التوكيدات الإيجابية عشان أشوف هل فعلاً هي بتغير التفكير والمعتقدات واستمريت كام يوم اقول بعض التوكيدات الإيجابية اللي عايزاها تحصل في حياتي وقعدت أردد الكلام وافتكرتالفيلم اللي ظهر فية عبد المنعم مدبولي وهو بيقول للمريض قول "أنا مش قصير اوزعه انا طويل واهبل" وبعدين لقيت إن مفيش حاجة بتحصل ولا اي حاجة بتتغير قلت ازاي دا كل الناس بتقول إنها فعلاً بتغير الأفكار ففكرت إني أكتب التوكيدات الإيجابية في اجندة وكل يوم أقرأها وكل لما يجيلي فكرة توكيدة اكتبها وارددها واستمريت حوالي اسبوع اعمل كدة وحسيت بعدها بتغير فعلاًوافتكرت قول الله تعالى "ن والقلم وما يسطرون" أقسم الله تعالى بقوة القلم وقوة الكتابة وبعد كده استمريت على كتابة التوكيدات بأستمرار عشان اقولها بعد كدة.

طيب الأول هشرحلك معنى التوكيدات الإيجابية ببساطة وبعد كدة هقترح عليكي بعض التوكيدات الإيجابية اللي ممكن تكتبيها وترديها بعد كدة وتقرأيها بإستمرار.

أولاً معنى التوكيدات الإيجابية :

التوكيدات الإيجابية هي اي أفكار إحنا بنفكر فيها أو بنقولها لنفسنا ومعظم الأفكار دي بتكون سلبية والأفكار السلبية دي بتؤثر على شخصيتنا وبتاثر على حياتنا إحنا بئا من خلال التوكيدات الإيجابية بنعود نفسنا إننا نفكر بشكل إيجابي ونتكلم مع نفسنا بشكل إيجابيوبنقول التوكيدات الإيجابية دي بشكل متعمد عشان نتعود نفكر فيها بالشكل الإيجابي فبيحدث تغيير إيجابي في حياتنا وسلوكنا وأي كلام بنتكلمه مع نفسنا هو توكيد بنستخدمه من غير ما نحس ونقصد فالمفروض إننا نغير الكلمات اللي بتدور في دماغنا ونبدلها من كلمات سلبية إلى إيجابية فطبعاً هيأثر بشكل كبير علينا وعلى حياتنا وأهم حاجة لازم نغيرها هي أفكارنا ومعتقداتنا ودلوقتي هقترح عليكي بعض

التوكيدات الإيجابية اللي ممكن تقوليها لنفسك كل يوم واختاري منهم التوكيدات المناسبة ليكي.

1. أنا أتقبل نفسي وبحب نفسي.

2. أنا عندي نعم تخليني سعيدة في اللحظة الحالية.

3. أنا كل يوم بتعلم حاجة جديدة وبطور من نفسي.

4. أنا كل يوم بحسن من علاقتي مع ربنا وبتعلم حاجات تقربني من ربنا أكتر.

5. أنا بسامح نفسي على كل أخطائي وبصحح أخطائي وببدأ من جديد.

6. أنا مش بهتم برأي الناس عني لأني بحب نفسي زي ما هي.

7. يومي ملكي محدش يقدر يتحكم فيه غيري.

8. أنا هحقق كل أحلامي اللي بحلم بيها بإذن الله.

9. أنا أستحق الأحترام والحب والسعادة.

10. أنا وأولادي نستحق ان نعيش في بيت نظيف ومنظم.

11. أنا بعيش اللحظة وبركز في كل تفاصيل حياتي الحالية.

12. أنا بقضي أوقات سعيدة مع نفسي ومع كتبي في مساحتي الخاصة.

13. أنا بعرف أتحكم في كلامي وتصرفاتي وردود أفعالي.

14. أنا أستحق الأستثمار في نفسي وتطوير نفسي كل يوم.

15. أنا عندي مواهب وقدرات أقدر أستغلها عشان أحقق أحلامي.

16. أنا صحتي وسلامي النفسي أولوية في حياتي.

17. أنا محتفظة بهدوئي وسلامي الداخلي دايماً.

18. أنا بتكلم مع نفسي دايماً بإيجابية.

19. أنا مش بسمح للأفكار السلبية إنها تأثر عليا وتغير مزاجي.

20. أنا بعرف أفصل تأثير الأشخاص السلبية على حياتي.

21. أنا أتقبل الأخرين كما هم وأتحكم في ردود أفعالي إتجاههم.

22. انا بطلب المساعدة من زوجي وأولادي إذا أحتجت للمساعدة.

23. أنا عندي كل ما أحتاجة لأبداً أي شيء بحبة وبستغل المتاح عندي دايماً.

24. أنا مهمة جداً في حياة أسرتي.

25. أنا بقارن نفسي بنفسي بس.

26. أنا مسؤلة عن تغير حياتي.

27. أنا ممتنة على كل نعمة موجوده في حياتي.

28. أنا بختار دايماً إني أعيش حياة صحية جيدة.

29. أنا فخورة بإنجازاتي الصغيرة اللي بنجزها كل يوم.

30. أنا بستمتع كل يوم بتفاصيلي البسيطة فنجان القهوة، وأشعة الشمس وقراءة كتاب بحبة.

دي بعض التوكيدات الإيجابية اللي اخترتها عشان تحاولي تختاري منها التوكيدات اللي إنتي عايزه تقوليها كل يوم لنفسك إختاري المناسب ليكي وممكن تزودي براحتك توكيدات من عندك وإستمري في ترديدهم وإن شاءالله هيغيروا تفكيرك وهيكون تفكيرك إيجابي دايماً.

*****

إقتباسات من هنا وهناك

الإقتباسات والمقولات من الحاجات اللي بحب اكتبها جداً عندي أجندات وكراسات مليانة بالإقتباسات بحس إن الاقتباسات مناالحاجات اللي بتريحني نفسياً لما بقرأها والاقتباسات أنواع كتير في إقتباسات بتتكلم عن النجاح وفي إقتباسات بتتكلم عن السعادة وفي إقتباسات بتتكلم عن الطموح والإنجاز وفي إقتباسات تحفيزية بتتكلم عن التحفيز والتشجيع وفي إقتباسات بتتكلم عن علاقتنا بربنا أنواع كتير من الإقتباسات وأنا كل ما أعجب باقتباس معين اكتبة لحد لما كتبت مئات من الإقتباسات والإقتباس معناه كلام أو قولمأخوذ من كلام أو أقوال شخص آخر، على سبيل الاستشهاد يعني الإقتباسات دي بيكتبها العلماء، والمشاهير، والعظماء على سبيل النصيحة والتشجيع وممكن لأي شخص إنه يكتب مقولة لو حاسس إنها هتنفع غيره ويستفيد منها وأنا شخصياً كتبتلك بعض المقولات من أفكاري وتجاربي الشخصية حاولي تعرفي فين الإقتباسات اللي كتبتها بنفسي من ضمن ال55 إقتباس اللي كتبتهم وأنصحك إنك يكون عندك اجندة او كشكول أو كراسة تكتبي فيها

الإقتباسات اللي حاسة إنها هتنفعك وتفيدك وانا هكتبلك بعض الإقتباسات اللي بحبها لو عجبك منها أي إقتباس ممكن تكتبيه وتقرأيه أو ممكن تكتبيه وتحوطيه قدامك دايماً عشان يحمسك أنا بعمل كدة دايماً جربي تعملي كدة وشوفي نتيجة كتابة الإقتباسات على نفسيتك.

1. قوي نفسك بنفسك لإن كل واحد عنده همومه ومشاكله محدش فاضيلك.

2. أي حاجة ممكن تخلي المستحيل يتحقق هو اليقين والثقة في الله.

3. كل يوم جديد هو فرصة تانية لتغيير حياتك للأحسن.

4. دربي عقلك على رؤية الخير في كل شئ.

5. انتي تستحقي السعادة متسمحيش لحد ينسيكي ده.

6. متقارنيش نفسك بحد إنتي مميزة ومختلفة عن أي حد.

7. افتكري دايماً مره تنجحي ومره تتعلمي مفيش فشل.

8. لو حد قال على حلمك مستحيل هو مستحيل بالنسبة لي هو مش بالنسبة ليكي انتي.

9. إتعاملي مع الناس اللي بتضايقك زي ما بتتعاملي مع إعلانات اليوتيوب إعمليلهم Skip.

10. السعادة مش في وجود ممتلكات كتير في حياتك السعادة في إحساسك بوجود الممتلكات وأستمتاعك بيها.

11. خليكي دايماً مستعدة لأيام أحلى جايه أنتظارك للخير بيستدعيه يجيلك.

12. قصة حياتك ملكك وإنتي اللي بتختاري تاخدي فيها دور البطولة ولا تاخدي فيها دور الضحية.

13. ما تضيعيش اللحظة اللي إنتي فيها هنا ودلوقت وإنتي بتطاردي ذكريات إمبارح ومخاوف بكرة.

14. مفيش حد هيقدر يرجع للماضي ويبدأ بداية جديدة لكن ممكن أي شخص يبدأ دلوقتي ويصنع نهاية جديدة.

15. لو في حاجه مش بتحبيها غيريها ولو مش عارفة تغيريها غيري طريقتك في التعامل معاها.

16. أسهل شئ في العالم إنك تكوني إنتي وأصعب شئ إنك تكوني الشخص اللي الناس عايزاه.

17. لو مسعتيش ورا حلمك مش هتحصلي عليه ولو متقدمتيش للأمام هتكوني في نفس المكان.

18. تخلي عن فكرة إنك لازم تكوني زي الناس لأن ده بيسرق منك فرصة تجربة حاجات جديدة وفرصة خروجك من منطقة الراحة.

19. كل لحظة في عمرنا ليها جمالها الخاص بيها صورة محصلتش قبل كدة ومش هتتكرر تاني فعيشي اللحظة.

20. يغير الله في لحظة واحدة كل اللي إنتي شايفاه مش هيتغير ثقي في الله.

21. إعطي كل يوم فرصة ليكون أجمل أيام حياتك.

22. سر نجاحك في الحياة موجود في روتينك اليومي وفي العادات البسيطة اللي بتعمليها كل يوم.

23. التحفيز هو اللي بيخليكي تبدأي أي عمل لكن تكوين العادات هو اللي بيخليكي تستمري كل يوم لحد لما توصلي لهدفك.

24. لو أعتقدتي وصدقتي نفسك إنك هتقدري هتقدري بإذن الله.

25. كفاية إنتظار أي حاجة هتيجي عشان تكوني سعيدة كوني سعيدة دلوقتي في اللحظة اللي إنتي فيها.

26. التفكير السلبي عمرة ما هيقدملك حياة إيجابية وعمرة ما هيحل مشكلة.

27. إحتفلي بكل نجاح في حياتك حتى لو كان صغير.

28. إنك تتمنى حاجة وإنك تاخدي خطوات لتحقيقها حاجة تانية.

29. أبداي من مكانك واستخدمي الحاجات المتاحة الموجودة عندك وإعملي اللي تقدري عليه هتوصلي بإذن الله.

30. لما تتعبي وتحسي إن كل حاجة مقفولة في وشك خدي راحة وراجعي حساباتك ومتوقفيش الخطوات اللي هتوصلك لهدفك استعدي قواكي وأبداي من تاني.

31. لو مش قادرة تتحكمي في الحاجات اللي بتحصل حواليكي إتحدي نفسك إنك تتحكمي في ردود أفعالك ناحيتها.

32. كل اللي ممكن تغيره هو نفسك بس وأحياناً لو غيرتي نفسك هي دي اللي هتغير حياتك كلها.

33. كل موقف بيعدي في الحياة بيكون مؤقت لو موقف سعيد إستمتعي بيه على قد ما تقدري ولو موقف حزين إتأكدي إنه هيعدي وهيجي بعده لحظات سعيدة كتيرة بإذن الله.

34. كتر التفكير في كل حاجة في الحياة بتموت عقلك وتضعف قلبك وهمتك متفكريش غير في صلاتك ومجال تخصصك وفيبناء أسرتك عشان يرتاح بالك.

35. الكسل بيجيب الكآبة والنشاط بيجيب السعادة لو عايزة السعادة متقعديش كتير إشغلي نفسك باللي ينفعك وإلا أشغلك الفراغ فأتقل شئ ممكن تشيليه هو الفراغ.

36. كل شيء ممكن تحقيقيه المهم أن تؤمني وتثقي بنفسك.

37. السعادة مش معناها غياب المشاكل ولكن يكون عندك القدرة على التعامل مع المشاكل والوصول لحل لكل مشكلة.

38. متنسيش إن عندك روح محتاجه تغذيها زي جسمك غذيها بالذكر والصلاة والدعاء وقراءة القرآن عشان تحققي التوازن بين جسمك وروحك عشان يرتاح بالك.

39. مفيش شخص بيعيش تعيس بس فيه أفكار بتسبب الشعور بالتعاسة والحزن فغيري أفكارك هيتغير كل شئ حواليكي.

40. لا تستهيني بأي خطوة حتى لو كانت صغيرة فكل شجرة كانت بذرة وكل إنجاز كان فكرة وكل عظيم كان مجهول.

41. الجنون هو أن نستمر في عمل نفس الأشياء بنفس الطريقة ثم نتوقع الحصول على نتائج مختلفة.

42. لأن المستقبل عظيم لإن الإنجازات فرحة لإن الحلم شغف أتعبي من أجل تحقيق ذاتك.

43. إنتي مش ضحية الظروف إنتي ضحية افكارك.

44. كل ما عقلك ينضج كل ما تفهمتي وجودك في الحياة وعرفتي مراد ربنا من وجودك في الحياة، إنتي لم تخلقي عبثاً.

45. لما تكوني عاملة توازن بين عبادتك بربك وعلاقتك بالناس وأهلك ونفسك هتعيشي مرتاحة.

46. لما تدي لنفسك حقها الأول هتقدري تدي للحواليكي أحلي ما عندك.

47. أختاري اللي بيدخل جوا دماغك زي ما بتختاري لبسك وأكتر كمان.

48. إنك تكوني شخصية عصبية دي حاجة سهلة جداً بس إنك تقدري تكظمي غيظك وتعفي عن الناس وتتحكمي في ردودأفعالك دي حاجة صعبة جداً ميعملهاش إلا الأقوياء.

49. متسمحيش للحياة السريعة إنها تسرق منك لحظات التعبد والطاعة لا تسمحي لها أن تجعل من صلاتك روتين تؤدية فيوقت معين من غير روح ووعي.

50. إن لم تتقني فن التجاهل هتخسري كتير وأولهم عافيتك وسلامك النفسي.

51. إنتصري على الحياة بتفاصيلك البسيطة.

52. الرضا مش معناه التخاذل والأستسلام للأمر الواقع الرضا معناه إنك تسعي عشان تحققي حياة أحسن ورزق أوسع مع الرضا بواقعك الحالي.

53. على نياتكم ترزقون.. ترزقون رضا، ترزقون راحة بال، ترزقون سلام نفسي، ترزقون نفس مطمئنة، ترزقون سكينة، ترزقون ذرية صالحة، ترزقون صحة كويسة. الرزق مش فلوس وبس الرزق حاجات كتير أوي بس في ناس متعرفهاش.

54. عيشي عشان تتعلمي هتكتشفي بعد كده إنك إتعلمتي إزاي تعيشي.

55. إنك تحبي نفسك دي مش أنانية دي من أهم أولوياتك في الحياة.

وآتاكم من كل ما سألتموه

لما بقرأ القرآن كنت بقرأ الآية "وآتاكم من كل ما سألتموه" بس كنت بقرأها عادي زي ما بقرأ ورد القرآن اليومي مفكرتش فمعناها قبل كده ومن فترة قريبة شوفت فيديو للدكتورة أسماء سعيد وهي بتتكلم عن الآية دي وبتقول لما نيجي ندعي ربنا ندعي فيصورة سؤال وقالت(سل تعطى) وبدأت فعلاً بتطبيق كلامها وبقيت أدعي دايماً في صورة سؤال يعني مثلاً في أدعية كتير بتبدأ بالصيغة دياللهم إني أسألك الهدى والتقى والعفاف والغنى.

اللهم إني أسألك العفو والعافية في الدنيا والآخرة.

اللهم إني أسألك رضاؤك والجنة وأعوذ بك من سخطك والنار.

اللهم إني أسألك موجبات رحمتك وعزائم مغفرتك والفوز بالجنة والنجاة من النار.

دي بعض الأدعية اللي بدأت بصيغة سؤال وربطت كلام دكتورة أسماء سعيد بالآية الكريمة ومن بعدها وأنا كل ما أدعي أبدأ باللهإني أسألك وأقول

كل اللي عايزه أدعي بيه فأنصحك بعد كدة لما تيجي تدعي إدعي دايماً بصيغة سؤال وإن شاء الله ربنا يستجيب لك لأنه قال "وآتاكم من كل ما سألتموه".

الخاتمة

لما توفت أمي وتوفى أبي كنت دايماً بفكر إني عايزة اعملهم صدقة جارية وفكرت كتير في أنواع صدقات وإيه أقدر اقدمة ليهم فكرت كتير وتذكرت حديث الرسول صلى الله عليه وسلم " إذا مات إبن آدم انقطع عمله إلا من ثلاث صدقة جارية، أو علم ينتفع به،أو ولد صالح يدعو له"

فقررت إني أكتب كتاب ويكون الكتاب ده صدقة جارية ليهم وعلم ينتفع به وادعو ليهم بإستمرار عشان أكون حققت كل كلام الرسولصلى الله عليه وسلم فاللهم تقبل عملي واجعله عمل خالص إلى وجهك وأنفع به كل من قرأه.

وفي النهاية عايزة أفكرك بأنك إنسان عندك مشاعر وأحاسيس كرمك ربنا وفضلك على كل مخلوقاته جعلك خليفة الله في الأرض افتكري وجودك الأساسي في الحياة وإن ربنا خلقنا عشان نعبده ونعمر في الأرض وصية ربنا لينا كل يوم في كل أذان 5 مرات لما يجي موعد الصلاة هي حي على الصلاة حي على الفلاح يعني الاتنين مرتبطين ببعض عبادة ربنا في حي على الصلاة

وإعمار الأرض في حي على الفلاح متخليش الدنيا تنسيكي هدفك الأساسي في الحياة وتعيشي كأنك روبوت من غير إحساس ومشاعر في الدنيا وأخيراً عايزة أذكرك وأذكر نفسي بآية يقول الله عز وجل "أَفَ حَسِبْتُمْ أَنَّمَا خَلَقْنَاكُمْ عَبَثًا وَأَنَّكُمْ إِلَيْنَا لَا تُرْجَعُونَ" صدق الله العظيم.

تحية من قلبي لكل زوجة وكل أم وكل بنوتة أتمنى أن يكون الكتاب أضاف لكم شيء بسيط في حياتكم وأتمنى أن يغير الكتاب معتقداتكم وتعيشوا حياة سعيدة هنيئة فيها مودة ورحمة وحب وبركة من الله وأخيراً ادعوا بهذا الدعاء، "وما توفيقي إلا بالله عليه توكلت وإليه أنيب"

تحياتي / ياسمين فرحات

الفهرس